Claribel Alegría

FUGUES

Translated by D. J. Flakoll

curbstone press

Printed in the U.S. by BookCrafters on acid-free paper

front cover:
    "Prometeo", 1959
    Mural, acrylic on canvas
    by Rufino Tamayo
    reproduced by permission of Fundación Olga y Rufino Tamayo

    design by Stone Graphics

Curbstone Press is a 501(c)(3) nonprofit literary arts
organization whose operations are supported in part by private
donations and by grants from the ADCO Foundation, The J.
Walton Bissell Foundation, Inc., the Connecticut
Commission on the Arts, the Lila Wallace-Reader's Digest
Literary Publishers Marketing Development Program,
administered by the Council of Literary Magazines and
Presses, The Andrew W. Mellon Foundation, the National
Endowment for the Arts, and the Plumsock Fund.

Library of Congress Cataloging-in-Publication Data

Alegría, Claribel.
    Fugues / Claribel Alegría : translated by D.J. Flakoll. — 1st ed.
        p. cm.
    English and Spanish on opposite pages.
    ISBN 1-880684-10-1 : $10.95
    1. Alegria, Claribel—Translations into English. I. Title.
PQ7539.A47F84   1993
861—dc20   93-25965

distributed in the U.S. by   published by
InBook   CURBSTONE PRESS
Box 120261   321 Jackson Street
East Haven, CT 06512   Willimantic, CT 06226

A la memoria de Julio Vélez
To the Memory of Julio Vélez

CONTENTS

FUGUES

LLUVIA

La vida es una lluvia
que cavilosamente nos confunde
hasta que llega el viento
de la muerte.

RAIN

Life is a downpour
whose brooding mutter confounds us
until Death's wind
cuts it short.

IN MEMORIAM

Para A. A. Flakoll

Bajo la luz neón
del sanatorio
rodeado de frascos
y de tubos
nos explicaste padre
tu aventura
con la muchacha vestida de enfermera.
Llegó junto a tu lecho
y tú quisiste liberarla
era jóven y bella
y saltaron los dos
al aire amanecido.
Recordaste de pronto
tus pantuflas
y volviste a tu lecho
solitario.
Se clavaron tus ojos
en la ventana abierta:
la ligera silueta
de un jinete
cabalgando en las nubes.
Te mordieron las ganas
de saltar a las ancas
del caballo
y atravesar los llanos
de tu joven Dakota.
Las agujas
los tubos

IN MEMORIAM

For A. A. Flakoll

Beneath the neon light
of the sanatorium
surrounded by bottles
and tubes
you told us, father,
about your adventure
with the girl dressed as a nurse.
She came to your bedside
and you wanted to free her
she was young and beautiful
and the two of you leaped
into the dawn air.
Suddenly you remembered
your bedroom slippers
and went back to bed
alone.
Your eyes were riveted on
the open window:
the slender silhouette
of a rider
galloping through the clouds.
You wanted to leap
onto the back of the horse
and race across the plains
of your young Dakota.
The needles
the tubes

te impedían moverte.
Miraste tus pantuflas
que pesaban de arena
y de recuerdos
pensaste en los tambores
de la vida
que nunca tocaron
para ti
en la gota de sangre en tus entrañas
en el grifo goteando
desde siempre
(desde que eras maestro
en tu escuela rural)
diluyendo tus días
en un plaf plaf tedioso.
Cerraste los ojos
agobiado
te sumiste en el sueño
y allí estaba ella
y saltaste al caballo
sin pantuflas
y el jinete era ella
era tu muerte.

held you fast.
You looked at your slippers
weighted with sand
and memories
you thought of the drums
of life
that never beat
for you
of the dribble of blood
in your entrails
the spigot dripping
since the start
(since you were
a country schoolmaster)
dissolving your days
in a tedious plop plop.
Wearied
you closed your eyes
and drifted in a dream
and there she was
and you leaped up onto the horse
without your slippers
and *she* was the rider:
was your death.

EVASIONES

Cada vez
cada encuentro
pensamos que es el último.
Ni tú
ni yo lo dice.
Me miras a los ojos
desesperadamente
y te devuelvo la mirada.

EVASIONS

Every time
every encounter
we think it the last.
Neither you
nor I say so.
You look into my eyes
desperately
and I return your look.

SAVOIR FAIRE

A Erik

Mi gato negro ignora
que va a morir un día
no se aferra a la vida
como yo
salta desde el tejado
ligero como el aire
se sube al tamarindo
arañándolo apenas
no lo amedrenta el paso de los puentes
ni el callejón oscuro
ni el pérfido alacrán
mi gato negro ama
a cuanta gata encuentra
no se deja atrapar
por un único amor
como lo hice yo.

SAVOIR FAIRE

For Erik

My black cat doesn't know
he will die one day
he doesn't cling to life
as I do
he leaps from the rooftop
light as air
climbs the tamarind tree
barely scratching it
doesn't dread crossing bridges
or dark alleyways
nor the perfidious scorpion
my black cat falls in love
with every cat he meets
he refuses to be snared
by a single love
the way I did.

TANKA

Esta mañana
fui pájaro y fui pez
cambié de forma
y destejí en el aire
las tinieblas del mar.

TANKA

This morning
I was fish and I was bird
I shifted forms
and unwove in the air
the darkness of the sea.

ESPEJEOS

¿Por qué te empeñas
día a día
en mostrarme esas cuencas
que antes fueron mis ojos?
Veo mi calavera
y no mi rostro
debajo de las cuencas
dos promontorios altos
de osamenta
el puente en la nariz
de pronto el lago
el lago son mis ojos
es tu piel
atraviesan el lago
las estrellas
el lago me succiona
atravieso tu piel
y abrazo a la niña
que aún perdura en mí
a la gitana abrazo
y a la maga
y a todos los seres
que yo amé
y recorro ciudades
reconozco sus plazas
los caminos convergen
contemplo aquella tarde
junto al mar
a mis hijos contemplo

MIRROR IMAGE

Why do you insist
on showing me day after day
these sockets
that used to be my eyes?
I see my skull
and not my face
below the twin ridges
two high promontories
of bone
the bridge of my nose
and suddenly the lake
the lake is my eyes
is your skin
stars drift across
the lake
it sucks me under
I traverse your skin
to embrace the little girl
who still resides in me
I embrace the gypsy
and the *maga*
and all those I loved
and I wander through cities
I recognize their plazas
the roads converge
I contemplate that afternoon
beside the sea
I contemplate my children

corriendo por las dunas
y te contemplo a ti
eres joven
maduro
y eres cano
y se resume todo
en un mágico instante.

scampering through the dunes
and I contemplate you
you are young
mature
and gray-haired
and everything is summed up
in one magic instant.

AMOR

Con mis dedos caricia
deletreo tu nombre
te hago nacer de nuevo
para luego borrarte
con mis dedos espina.

LOVE

With tender fingers
I spell your name
give you birth anew
only to erase you
with my spiny claws.

CONTABILIZANDO

En los sesentiocho años
que he vivido
hay algunos eléctricos instantes:
La alegría de mis pies
brincando charcos
seis horas en Macchu Pichu
los diez minutos necesarios
para perder la virginidad
el zumbido del teléfono
mientras esperaba la muerte de mi madre
la voz ronca
anunciándome el asesinato
de Monseñor Romero
quince minutos en Delft
el primer llanto de mi hija
no se cuántos años soñando
con la liberación de mi pueblo
algunas muertes inmortales
los ojos de aquel niño desnutrido
tus ojos cubriéndome de amor
una tarde nomeolvides
y en esta hora húmeda
las ganas de plasmarme
en un verso
en un grito
en una espuma.

ACCOUNTING

In the sixty-eight years
I have lived
there are a few electrical instants:
the happiness of my feet
skipping puddles
six hours in Macchu Pichu
the ten minutes necessary
to lose my virginity
the buzzing of the telephone
while awaiting the death of my mother
the hoarse voice
announcing the death
of Monsignor Romero
fifteen minutes in Delft
the first wail of my daughter
I don't know how many years
dreaming of my people's liberation
certain immortal deaths
the eyes of that starving child
your eyes bathing me with love
one forget-me-not afternoon
and in this sultry hour
the urge to mould myself
into a verse
a shout
a fleck of foam.

HOY LO SE

Iba caminando por el mundo
sin saber que existías
sin embargo
(hoy lo sé)
desde la incierta niebla del comienzo
caminaba buscándote
en los rostros.

NOW I KNOW

I wandered through the world
without knowing you existed
however
(now I know)
since the uncertain mist of the beginning
I went searching for you
among the faces.

ARS POETICA

Yo,
poeta de oficio,
condenada tantas veces
a ser cuervo
jamás me cambiaría
por la Venus de Milo:
mientras reina en el Louvre
y se muere de tedio
y junta polvo
yo descubro el sol
todos los días
y entre valles
volcanes
y despojos de guerra
avizoro la tierra prometida.

ARS POETICA

I,
poet by trade,
condemned so many times
to be a crow,
would never change places
with the Venus de Milo:
while she reigns in the Louvre
and dies of boredom
and collects dust
I discover the sun
each morning
and amid valleys
volcanos
and debris of war
I catch sight of the promised land.

EROSION

No quiero verte
no
tengo otro rostro
ahora
aquel
el que tú amabas
se quedó para siempre
en tus pupilas.

EROSION

I don't want to see you
no
I have another face
now
that one
the one you loved
remains forever
in your pupils.

VISITAS NOCTURNAS

Pienso en nuestros anónimos muchachos
en nuestros héroes apagados
los mancos
los rencos
los que perdieron las dos piernas
los dos ojos
los casi niños balbucientes.
Escucho por las noches sus fantasmas
gritándome al oído
me sacan del letargo
me conminan
pienso en su vida hecha girones
en sus febriles manos
queriendo asir las nuestras.
No es que estén mendigando
nos exigen
se han ganado el derecho a exigir
a romper nuestro sueño
a despertarnos
a sacudir de una vez
esta modorra.

NOCTURNAL VISITS

I think of our anonymous boys
of our burnt-out heroes
the amputated
the cripples
those who lost both legs
both eyes
the stammering teen-agers.
At night I listen to their phantoms
shouting in my ear
shaking me out of lethargy
issuing me commands
I think of their tattered lives
of their feverish hands
reaching out to seize ours.
It's not that they're begging
they're demanding
they've earned the right to order us
to break up our sleep
to come awake
to shake off once and for all
this lassitude.

SILENCIO

Un fogonazo tu muerte
y luego vino el silencio.
Después del silencio
¿qué?

SILENCE

An explosion your death
and then this silence.
After the silence
what?

¿Y SI NAZCO?

¿Y si nazco a la muerte
prematura?
¿Y si aún no puedo caminar
entre las sombras
ni atravesar murallas
ni esquivar la serpiente?

IF I AM BORN

And if I am born
prematurely in death?
And if I can't yet walk
among the shadows
or pass through walls
or avoid the serpent?

LA ABUELA

El tiempo se detuvo
aquella tarde
en que el marido,
su segundo,
despedazó con un martillo
el reloj prendedor
obsequio del primero,
del difunto,
que ella siempre llevaba junto al pecho
Como si fueras otra lo miraste
precipitar al fuego
los pedazos
y no dijiste nada.
sentada en tu silla mecedora
acunaste sin tregua tu rencor
jineteaste tus odios
tus amores
jineteaste la muerte del raptor
y dejaste de hablar.
Los hijos te subieron al desván
y allí, solitaria,
apretando los labios
seguías jineteando.
Escuchabas tu silla mecedora
crujir contra las planchas de madera
querías reconstruir el tic tac del reloj.
El ritmo no era el mismo
no corrían las horas como antes
el mismo día eterno

THE GRANDMOTHER

Time stood still
that afternoon
when the husband,
her second,
took a hammer and smashed
the gold watch,
a gift from the first,
the deceased.
The watch she always wore
pinned to her bosom.
As if you were someone else you watched him
throw the pieces into the fire
and said nothing.
Seated in your rocking chair
you coined endless rancor
rocked your hatreds
your loves
rocked past the death of the abductor
and fell silent.
The children moved you to the attic
and there in solitude,
lips pressed tight
you kept on rocking.
You listened to your chair
creaking against the wooden boards,
tried to reconstruct the tick-tock of the clock.
The rhythm wasn't the same
the hours no longer flowed by as before
the same eternal day

la misma luz filtrándose
a través del cristal
el mismo día
instalado para siempre
en tu desván
vida y muerte
lo mismo
el purgatorio eterno
"triqui triqui triqui tran
los maderos de San Juan
piden queso y les dan hueso
piden pan y no les dan"
y la gente allá abajo
no quiere darse cuenta
y piensan que es domingo
porque llegan visitas
y han horneado un pollo
pero es el mismo día
el mismo día eterno
aceleras el ritmo
han dejado de hablar
y lo aceleras más
triqui triqui
triqui triqui
triqui triqui
triquitran
se hace añicos la puerta
y estallo en tus brazos.

the same light filtering through the glass
the same day
installed forever
in your attic.
Life and death the same
in your eternal purgatory
"*triqui triqui triqui tran*
los maderos de San Juan
piden queso y les dan hueso
piden pan y no les dan"
and the people down below
don't want to listen
they think it's Sunday
because visitors have come
and there is roast chicken
but it's the same day
the same everlasting day
you speed up the rhythm
they've stopped talking
and you rock faster
faster
triqui triqui
triqui triqui
triqui triqui
triquitran
the door shatters
and I hurtle into your arms.

PIEDAD

Piedad para el hermano
que ha perdido su asombro
y que todo lo encuentra
en el lugar preciso
y nunca desafía lo prohibido.
Piedad porque está muerto
no nos queda otra cosa
que dolernos de él
y enterrarlo cuanto antes.

HAVE PITY

Have pity on our brother
who has lost his wonder
and finds everything
just as it should be
and never defies
the forbidden.
Have pity because he is dead
and there's nothing we can do
but send him flowers
and bury him as soon as possible.

DESAFIO

No levantes fronteras
es inútil
se dispara hacia ti
mi corazón desenvainado.

CHALLENGE

Don't set up barriers
it's useless
my unsheathed heart
hurtles toward you.

CARTA A UN DESTERRADO

Mi *querido Odiseo:*
ya no es posible más
esposo mío
que el tiempo pase y vuele
y no te cuente yo
de mi vida en Itaca.
Hace ya muchos años
que te fuiste
tu ausencia nos pesó
a tu hijo
y a mí.
Empezaron a cercarme
pretendientes
eran tantos
tan tenaces sus requiebros
que apiadándose un dios
de mi congoja
me aconsejó tejer
una tela sutil
interminable
que te sirviera a ti
como sudario.
Si llegaba a concluirla
tendría yo sin mora
que elegir un esposo.
Me cautivó la idea
al levantarse el sol
me ponía a tejer
y destejía por la noche.

LETTER TO AN EXILE

My dear Odysseus:

It is no longer possible
my husband
that time goes flying by
without my telling you
of my life in Ithaca.
Many years have gone by
since you left
your absence weighs
on your son
and me.
My suitors began
to fence me in
they were so many
and so tenacious in their flattery
that a god, taking pity
on my anguish,
advised me to weave
a subtle
interminable cloth
that would serve
as your shroud.
If I finished it
I would have to choose
a husband without delay.
The idea captivated me
at sunrise I set about weaving
and I unwove during the night.

Así pasé tres años
pero ahora, Odiseo,
mi corazón suspira por un joven
tan bello como tú cuando eras mozo
tan hábil con el arco
y con la lanza.
Nuestra casa está en ruinas
y necesito un hombre
que la sepa regir.
Preferible, Odiseo,
que no vuelvas
de mi amor hacia ti
no queda ni un rescoldo
Telémaco está bien
ni siquiera pregunta por su padre
es mejor para ti
que te demos por muerto.
Sé por los forasteros
de Calipso
y de
Circe.
Aprovecha, Odiseo,
si eliges a Calipso,
recobrarás la juventud
si es Circe la elegida
serás entre sus cerdos
el supremo.
Espero que esta carta
no te ofenda
no invoques a los dioses
será en vano

That went on for three years
but now Odysseus,
my heart yearns for a youth
as handsome as you when young
as expert with bow and lance
our house is in ruins
and I need a man
who knows how to rule it.
Telemachus is but a babe
and your father decrepit.
It is preferable, Odysseus,
that you don't return
men are weaker
they can't tolerate affronts.
Of my love for you
not even embers remain.
Telemachus is well
never asks for his father
it would be better
if we gave you up for dead.
I know from strangers
about Calypso and Circe.
Seize your chance, Odysseus,
if you choose Calypso
you'll regain lost youth
if Circe is the chosen one
among her swine
you'll reign supreme.
I hope this letter
does not offend you
don't invoke the gods
it will be in vain

recuerda a Menelao
con Helena
por esa guerra loca
han perdido la vida
nuestros mejores hombres
y estás tú donde estás.
No vuelvas, Odiseo,
te suplico.
Tu discreta Penélope

remember Menelaus
and his Helen
For that mad war
our best men
have lost their lives
and you are where you are.
Don't return, Odysseus,
I beg you.
Your discreet Penelope.

NO IMPORTA QUE NO ESTES

No importa que no estés
que andes lejano
te instalaste en mi piel
y cada vez que quiero
resucitas.

NO MATTER

No matter you're not here
that you're far away
you're under my skin
and whenever I wish
you revive.

LA INTRUSA

Para Antonina

¿Quién es esa
al otro lado del espejo?
Algo tiene de mí
pero es distinta
no reconozco la sonrisa
que asoma de puntillas a su rostro
ni el gesto sometido
de sus manos.
¿Por qué mis anillos en sus dedos?
Se robó mi collar
mi blusa rosa.
¿Quién eres tú
intrusa?
¿Cómo te has atrevido
a despojarme?
Hoy mismo esconderé
todas mis joyas
en rincones
en grietas
esconderé mis cosas.
¿Y mis ojos?
¿qué has hecho con mis ojos?
Ese leve aletear en las pupilas
eso es mío
lo sé.
Desde el otro lado me rechazas
rechazas a tu dueña

THE INTRUDER

for Antonina

Who is that
on the other side of the mirror?
She has something of me
but different
I don't recognize the smile
stealing across her face
nor the furtive gesture
of her hands.
Why is she wearing my rings?
She has stolen my necklace
my pink blouse
Who are you,
intruder?
How dare you
deprive me of everything?
I'll hide my jewels
in cracks and crannies
hide them all.
And my eyes?
What have you done
with my eyes?
That fluttering of pupils
that is mine
I recognize it.
From the other side you reject me
reject your mistress

y me miras con sorna.
Pondré el espejo mirando a la pared
estarás condenada
a mirar para siempre
el muro blanco.
He ganado
ladrona.
Yo,
cerraré los ojos.
Tú,
los tendrás clavados en el muro.

gaze at me sarcastically.
I'll turn the mirror to the wall
I'll condemn you
to gaze forever
at the white wall.
I've beaten you,
thief.
Me?
I'll sleep peacefully.
You,
you'll stare unblinking at the wall.

PROVERBIO PERSA

Sembré un árbol:
cosechan sus frutos
los vecinos.
Di a luz cuatro hijos
que volaron.
Escribí algunos libros
(varios cientos de hojas)
que el tiempo se encargó
de amarillar.

PERSIAN PROVERB

I planted a tree;
the neighbors
gather its fruits.
I bore four children
who flew off.
I wrote some books
(a few hundred pages)
time turned yellow.

IRA DEMETRAE

I

Habla Deméter:

¿Dónde Kore
dónde estás?
He perdido la alegría de vivir
ando suelta en busca de tus huellas
anda suelta mi ira
no he comido
ni bebido en nueve días
extinguiré la raza de los hombres
si no vuelves
quemaré los árboles frutales
no dejaré que la hierba crezca
abriré huecos en el aire
haré temblar la tierra
me siento desgarrada
partida por chillidos
¿dónde Kore
dónde estás?
un pájaro aturdido
se pierde en la neblina
me cuesta respirar
los árboles me cercan
se separan
y yo talo los árboles
que caen a mis pies
y las hojas susurran

IRA DEMETRAE

I

Demeter Speaks:

Where Kore
where are you?
I have lost the joy of living
I wander in search of your tracks
I have unleashed my wrath
I have not eaten
nor have I drunk for nine days
I'll obliterate the human race
if you don't return
I'll sear the fruit trees
stop the grass from growing
stab holes in the air
make the earth tremble
I am shattered
rent with shrieks
where Kore
where are you?
a stunned bird
flaps away in the fog
I can scarcely breathe
the trees surround me
they draw back
and I fell the trees
they lie at my feet
their leaves rustling

y yo me tambaleo entre las ruinas
y que nadie me hable del Olimpo
regaré pestes por la tierra
se cubrirán de pústulas
los niños
si no me eres devuelta
¿dónde Kore
dónde estás?

I I

Habla Hécate:

No la vi no la vi
pero oí su voz inconfundible
"rapto rapto" gritaba
y yo corrí hacia el grito
llegué tarde
sólo flores dispersas
por el suelo
"rapto rapto" gritaba
iré a buscar a Helios
el que todo lo ve
ven conmigo Deméter
él nos dirá el nombre del raptor
tu ira es más que justa
pero deja ya de lamentarte
juntas nos vengaremos
de ese macho cabrío
de los machos cabríos
que ensucian el planeta.

and I stagger in the ruins
don't speak to me of Olympus
I'll shower plagues across the earth
cover children with pustules
if you aren't returned to me
where Kore
where are you?

11

Hécate Speaks:

I didn't see her, didn't see her
but I heard her unmistakable voice
"Rape! Rape!" she screamed
and I ran toward her cry
I was too late
there were only flowers
scattered on the ground
"Rape! Rape!" she screamed
I will go in search of Helios
he who sees everything
come with me Demeter
he'll tell us the name of her captor
Your wrath is more than just
but leave off lamenting now
together we'll take revenge
on that foul he-goat
on all the he-goats
that besmirch the planet.

III

Habla Hermes:

Te devuelvo a tu hija.
Con Hades la encontré
y la encontré llorando
sin comer
sin beber
desconsolada.
Abrázala Deméter
lloren juntas las dos
embriáguense de llanto
he traído a tu hija
de donde nadie vuelve.

IV

El juicio de Deméter:

¿Cómo podré aceptarlo?
Tres meses junto a Hades
dijo Zeus
—un premio al violador—
¿Por qué hija
por qué
al último minuto
probaste el alimento de los muertos?
nunca podré aceptarlo
Zeus es el juez inapelable
Hades el rey de las tinieblas

III

Hermes Speaks:

I return your daughter.
I found her with Hades.
and I found her weeping
refusing food
refusing water
disconsolate.
Embrace her Demeter
weep together the two of you
'til you are drunk with tears
I have brought back your daughter
from whence no one returns.

IV

Demeter's Judgement:

How can I accept that?
Three months at the side of Hades
Zeus decrees
—an award to the rapist—
Why daughter
why at the last moment
did you sample the food of the dead?
From Zeus' judgement there is no appeal
Hades is the king of darkness

pero es mío este valle
tres meses de sequía
—es mi derecho—
tres meses de luto
y de granizo
mientras estés ausente
después
indiferencia
les cederé a los machos
el planeta
quedará
mi jardin
entre sus manos
que ellos lo gobiernen
lo destruyan:
regarán manchas negras
en el mar
extinguirán los peces
harán el aire irrespirable
se matarán los hombres
entre sí
todos irán al Tártaro
ya no podrán las Parcas
hilar tantos destinos
de una vez
caos en el infierno
genocidio en la tierra
pestes creadas por el hombre
para matar al hombre
en manos de los machos
mi jardin
hasta que vuelvas

but this valley is mine
three months of drought
—that is my right—
three months of mourning
and of sleet
while you are absent
afterwards
indifference
I'll leave the planet
to the he-goats
leave my garden
in their hands
let them govern
and destroy it:
they'll spread black stains
in the sea
kill all the fish
render the air unbreathable
men will kill each other
all will go to Tartarus
and the Fates will be unable
to untangle so many destinies at once
chaos in the Inferno
genocide on earth
plagues created by man
to destroy mankind
my garden
in the hands of the he-goats

Kore
hasta que Zeus se arrepienta
de su doble moral
hasta que estés conmigo
todo el año
y decretemos juntas
la primavera eterna.

until you return Kore
until Zeus repents
of his double standard
until you are with me
throughout the year
and together we decree
eternal springtime.

AUGURIOS

Y soplará un viento
huracanado
que barrerá a su paso
las huellas que hoy
me alumbran.

PORTENTS

And a hurricane wind
shall blow
sweeping in its path
the tracks that light
my way.

UNICORNIO CIMARRON

A *Ritalejandra*

Más que el jinete
el caballo
clópeti clópeti
clop
sobre el suelo de un camión
te vi bailar en Managua
martillabas con tus cascos
altibajos de la historia:
Zeledón en la llanura
Sandino entrando a la mina
sobre su burrito blanco
la dinastía Somoza
sembrando caos y muerte
y guerrilla en la montaña
el diecinueve de julio
caracoleando en los cuerpos .
que se lanzan a la calle
a celebrar su victoria
clópeti clópeti
clop
el caballo-mecedora
del fotógrafo ambulante
en la acera de mi casa
tenía rota la crin
astilladas las pezuñas
y yo me montaba en él
caballito de mi infancia
y sintiéndome valkiria
le suplicaba a su dueño

UNBRIDLED UNICORN

For Ritalejandra

More than the rider
the steed
cloppety cloppety
clop
I saw you dancing
on a truckbed in Managua
your hooves hammering out
the ups and downs of history
Zeledón on the plains
Sandino entering the mine
on his white donkey
the Somoza dynasty
sowing chaos and death
and the guerrilla in the hills
the nineteenth of July
is dancing in the bodies
that swarmed the streets
to celebrate the victory
cloppety cloppety
clop
the rocking horse
of the street photographer
in front of my house
its mane was broken
its hooves were chipped
and I climbed aboard
the horse of my infancy
feeling like a Valkyrie
and begged its owner

que me tomara una foto.
De la cámara cuadrada
cubierta con paño negro
sólo surgía una niña
de sonrisa desdentada.
Después fue el potrillo negro
en el volcán de Santa Ana
un pájaro lo espantó
y yo me abrazaba a él
y mi padre en su caballo
gritando que me agachara
y apretara las rodillas
y yo cerrando los ojos
clípeti clípeti
clop
mientras volaba entre lianas
y me tatuaba el terror.
En un tapiz de Cluny
me deslumbró el unicornio
reclinaba su cabeza
sobre el regazo de seda
de una virgen de ojos diurnos.
Te soñé cuando era niña
te tuve miedo y corrí
unicornio cimarrón
clópeti clópeti
clop
eres mi infancia
mis sueños
mi pueblo que se levanta
que relincha
se desboca

to take my picture.
From the square box camera
covered with black velvet
emerged a small girl
with a toothless grin.
Next the black colt
on Santa Ana volcano
a bird startled him
and I clutched his neck
and my father on his stallion
shouting to keep down
and squeeze my knees together
and I, eyes closed
clippety clippety
clop
flew among lianas
and terror tattooed me.
In a tapestry at Cluny
I was dazzled by the unicorn
resting his head on the lap
of a virgin with radiant eyes.
I dreamt of you as a child
I was frightened of you and fled
unbridled unicorn
cloppety cloppety
clop
you are my infancy
my dreams
my people who rear up
snorting
galloping

eres vida
y eres muerte
cuatro jinetes alados
anuncian el fin de un mundo
el cielo se parte en dos
y vislumbro tu perfil
siembras triunfo
siembras caos
clípeti clípeti
clop
suelta la crin en el viento
lívido el rostro afilado
esperanza
destrucción
con los belfos entreabiertos
apuntas hacia la aurora.

you are life
and you are death
four winged horsemen
announce the end of a world
the sky splits in two
and I glimpse your profile
you sow triumph
you sow chaos
clippety clippety
clop
your mane streaming in the wind
your features livid
hopefulness
destruction
with nostrils flaring
you hammer toward the dawn.

GALATEA ANTE EL ESPEJO

Se me ha hecho costumbre en estos días
lamentar mi fortuna
ante el espejo
todo lo tengo
todo
me forjaste perfecta Pigmalión
me cubriste de oro
de sedas
de perfumes
me enseñaste cómo actuar
en cada instante
cómo entonar la voz
te siento satisfecho de tu obra
y hasta quizá me quieras.
No te amo Pigmalión
no despertaste en mi
la chispa del amor
mi perfección no es mía
la inventaste
soy el espejo apenas
en el que tú te pules
y por eso mismo
te desprecio.

GALATEA BEFORE THE MIRROR

I've become accustomed these past days
to lament my good fortune
in front of the mirror
everything
I have everything
you modelled me perfectly Pygmalion
you covered me with gold
with silks
with perfumes
you taught me how to act
at every moment
how to modulate my voice
I feel you're satisfied with your creation
and perhaps you even desire me.
I don't love you Pygmalion
you didn't arouse in me
the spark of love
my perfection isn't mine
you invented it
I am only the mirror
in which you preen yourself
and for that very reason
I despise you.

SOY

Soy
esa planta de hojas anchas
a las que ahoga el polvo.
Soy
la raíz saliente de ese árbol
queriendo retornar
al seno de la tierra.
Soy
esa flor casi marchita
mirando con nostalgia
sus pétalos caídos.

I AM

I am
that plant with broad leaves
choking with dust.
I am
the salient root of that tree
wishing to return
to the bosom of the earth.
I am
that fading flower
gazing with nostalgia
at its fallen petals.

DESEO

*"Y alguien entra a la muerte
con los ojos abiertos."*
                    —A. Pizarnik

Quiero entrar a la muerte
con los ojos abiertos
abiertos los oídos
sin máscaras
sin miedo
sabiendo
y no sabiendo
enfrentarme serena
a otras voces
a otros aires
a otros cauces
olvidar mis recuerdos
desprenderme
nacer de nuevo
intacta.

DESIRE

"*And someone entered death
with his eyes open.*"
—A. Pizarnik

I want to enter death
with my eyes open
my ears open
without masks
without fears
knowing
and not knowing
serenely facing
other voices
other airs
other paths
forgetting my memories
detaching myself
being reborn
intact.

INCERTIDUMBRE

¿En qué parte del hilo
de la trama
caerán al abismo
tus palabras?

UNCERTAINTY

In what part of the thread
the woof
will your words
fall into the abyss?

PERSEFONE

Abrí los ojos como siempre
como cada mañana
y el pedazo de cielo
no asomó
ni asomaron tampoco los geranios
ni el árbol de mimosa
ni el laurel
y todo estaba oscuro
y era difícil descender
(no sé dónde dejé todos mis signos)
y el suelo estaba seco
pedregoso
y era grande mi sed
y seguía bajando
reptando
tropezando
en busca de agua
de humedad
y junto con la sed
me crecía la urgencia
de seguir
de continuar buscando
debajo de las piedras
hasta encontrar la fuente
y no escuchar la voz
enterrar esa voz que aún se obstina
en que arranque mi cáscara
y me vista de verde
y me abra hacia el sol

PERSEPHONE

I opened my eyes as always
as I do every morning
and the fragment of sky
wasn't there
nor the geraniums
nor the mimosa tree
nor the laurel
and everything was dark
and it was difficult to descend
(I don't know where I left all my signs)
and the earth was dry
rocky
and my thirst was great
and I kept on descending
creeping
stumbling
in search of water
of moisture
and together with my thirst
my urgency grew
to keep on
to go on searching
beneath the stones
until I found the spring
and not to listen to the voice
to strangle the obstinate voice
that urges me to strip off my bark
and dress myself in green
and open myself to the sun

de mis ayeres
que apenas si recuerdo.
Hace rato
que viajo entre la sombra
pero mi sed es grande
y soy raíz
y no importa si sueño
que soy hoja
o estallido azul
o racimo encendido
soy raíz taciturna
que va ondeando
rodeada de abismos
y de noche
y es múltiple mi sed
y la palabra luz
se ha vuelto piedra
una piedra pulida
que acaricio
y no puedo ahora distraerme
con mis verdes memorias
con el deseo absurdo de otros días
de llegar a ser hiedra.

of my yesterdays
that I scarcely remember.
For a long time
I have travelled among the shadows
but my thirst is great
and I am root
no matter if I dream
I am leaf
or burst of blue
or flaming flower
a taciturn root
that undulates
surrounded by abysses
and night
and my thirst is multiple
and the word "light"
has turned to stone
a polished stone
I caress
and I cannot distract myself now
with my green memories
with the absurd desire of other days
to become ivy.

¿COMO NO AMARTE?

¿Cómo no amarte
oscuridad
si de ti vengo
de tus grutas mis sueños
contigo mi poesía
y hacia ti me encamino?

WHY NOT LOVE YOU

Why not love you
darkness
if I come from you
my dreams from your grottos
my poetry with you
and toward you I travel?

RESURRECCION

Resucité de pronto
y empecé a reírme
hasta los pies
más amarillo el sol
sin ese velo
mi oído más abierto
para tu voz quemante
(me empiezan a doler las cicatrices)
el olor del jazmín
más jazminoso
más espesas las nubes en el cielo
el cielo más azul
vuelvo a reír con júbilo
los ojos de ese niño
más sombríos
más tristes
otra vez en la cresta
de la ola
mi desierto de amor
verdeciendo de nuevo.

RESURRECTION

I woke up suddenly
and began laughing
down to my toes
more golden the sun
without that veil
more keen my hearing
for your burning voice
(the scars begin to hurt)
the odor of jasmine
more jasmine
fuller the clouds in the sky
the sky more azure
jubilantly I laugh again
the eyes of that child
more shadowed
more pained
once again on the crest
of the wave
my desert of love
flowering anew.

NOSTALGIAS

Dejé de ser yo
y empecé para siempre
a ser nosotros.

NOSTALGIA

I left off being me
and began forever
being us.

LA MALINCHE

Estoy aquí
en el banquillo de los acusados
dicen que soy traidora
¿a quién he traicionado?
era una niña aún
cuando mi padre
es decir
mi padrastro
temiendo que su hijo
no heredara las tierras
que a mí correspondían
me condujo hacia el sur
y me entregó a extraños
que no hablaban mi lengua.
Terminé de crecer en esa tribu
les servía de esclava
y llegaron los blancos
y me entregaron a los blancos.
¿Qué significa para ustedes
la palabra traición?
¿Acaso no fui yo la traicionada?
¿Quién de los míos vino a mi defensa
cuando el primer blanco me violó
cuando fui obligada
a besar su falo
de rodillas
cuando sentí mi cuerpo desgarrarse
y junto a él mi alma?
Fidelidad me exigen

MALINCHE

Here I am
in the defendant's seat
you call me traitor
whom have I betrayed?
I was still a child
when my father—
my stepfather really—
fearing his son
would not inherit the lands
that were mine
took me to the south
and gave me to strangers
who did not speak my language.
I grew up in that tribe
serving as a slave
and the white men arrived
and they gave me to the whites.
What do you mean
by the word *treason*?
Was I not the one betrayed?
Which of my people defended me
when I was raped by the first white man,
when I was forced to kneel
and kiss his phallus,
when I felt my body sundered
and with it my soul?
You demand that I be loyal

ni siquiera conmigo
he podido ser fiel.
Antes de florecer
se me secó el amor
es un niño en mi vientre
que nunca vio la luz.
¿Que traicioné a mi patria?
Mi patria son los míos
y me entregaron ellos.
¿A quién rendirle cuentas?
¿A quién?
decidme
¿a quién?

even though I've been unable
to be loyal to myself.
Before I flowered
my love withered:
a child in my womb
who never saw the light.
How did I betray my homeland?
My homeland is my people
and they abandoned me.
To whom am I responsible?
To whom?
Tell me.
To whom?

EL ESPEJO

El espejo se alegra
reflejando
los pétalos morados
de la orquídea.

THE MIRROR

The mirror rejoices
reflecting
the purple petals
of the orchid.

AMBIVALENCIAS

La mesa se despoja de su polvo
cuando le paso el paño
y la abrillanto
el espejo también
y la ventana
pero a mí se me incrusta
en la garganta
se me incrusta en la piel
y me atormenta
soplándome al oído:
eres polvo
ceniza milagrosa
un polvo estructurado
ambivalente
que por ahora marcha
y canta
y se extravía.

AMBIVALENCES

The table is cleansed of dust
when I pass the rag across
and polish it
the mirror as well
and the window
but it catches in my throat
lodges in my skin
and tortures me
murmuring in my ear:
thou art dust
a miraculous dust
a structured
ambivalent dust
that for a moment walks
and sings
and loses its way.

¿POR QUE?

¿Por qué esta herida
ésta
la que pensé rasguño
la que sangró hacia adentro?

WHY?

Why does this wound
this one
the one I thought a scratch
still bleed inside me?

PANDORA

A Sanavilés

¿Qué haces ahí Pandora?
¿Por qué no me miras a los ojos?
¿Qué haces ahí con esa cesta
desbordando collares?
Te conozco
recuerda
alguna vez
estuvimos juntas en un cuerpo.
De mis labios brotaba
un hilito de humo
que perezosamente se volvía espiral
y tú profetizabas.
¿Temes que tus collares
se te enrosquen al cuello
y te devoren?
Hay nubes grises en el cielo
espesas nubes omniscientes.
¿Temes ser portadora
de abrumadoras plagas
que enluten a la tierra?
Sé que en tu cesta
se revuelven
envidias
epidemias
la ira
la vejez

PANDORA

For Sanavilés

What are you doing there Pandora?
Why don't you look me in the eye?
What are you doing with that basket
overflowing with beads?
I know you,
remember,
once
we were joined in a single body.
From my lips issued
a wisp of smoke
lazily spiralling upward
while you prophesied.
Are you afraid your beads
will clutch you by the throat
and strangle you?
There are gray clouds in the sky
thick omniscient clouds
Are you afraid you're a carrier
of overwhelming plagues
that will plunge earth in mourning?
I know in your basket
are squirming envies
epidemics
rages
senility

los boinas verdes
las torturas
los escuadrones de la muerte
tiene úlcera la tierra
una pústula rosa
que supura
arrancamos sus bosques
los quemamos
nos servimos del fuego
para destruir sus bosques
envenenamos ríos
y mares
y hasta el aire
tiembla el planeta
se sacude
nos cuesta respirar
pero en el fondo de tu cesta
aún está verde
la esperanza.
No dejes Pandora
que se escape
conozco bien nuestros defectos
somos curiosas
vanas
ambiciosas
Hefesto lo sabía
sabía que abriríamos la caja
y entre todas las plagas
nos ofreció un regalo.
Aún está verde
la esperanza
cierra tu cesta
Pandora

Green Berets
tortures
death squads
the earth has an ulcer
a pink pustule
that suppurates
we fell its forests
and burn them
we use the flames
to destroy its woods
we poison rivers
and seas
and even the air
the planet trembles
shakes itself
it's hard to breathe
but in the bottom of your basket
hope is still green.
Don't let it escape
Pandora
I know well our defects
we are curious
vain
ambitious
Hephaestus knew it
knew we would open the box
and amidst all the plagues
he offered us a gift.
Hope is still green
close your box
Pandora

aún podemos hacernos la ilusión
de transformar al mundo
en un tigre con alas
en un tigre amarillo
de ariscas rayas negras
sobre el que todos podamos cabalgar.

we can still cling to the illusion
of transforming the world
into a winged tiger
a yellow tiger
with wild black stripes
on which we all can ride.

LUNA VIEJA

Mi piel está manchada
de recuerdos
de cráteres que se abren
de implacables rutinas
de cansancios.
La oscuridad se anuncia
cada vez más pálida mi luz
no podré transformarme
como lo hacía antes:
luna nueva
creciente
espléndida
menguante
la oscuridad empieza a envolverme.

OLD MOON

My skin is stained
with memories
craters gaping open
implacable routines
weariness.
Darkness falls
my light each instant more pallid
I can't transform myself
as I used to:
new moon
waxing
splendid
waning
darkness begins to enfold me.

PERPLEJIDAD

¿Qué morirá conmigo?
¿Morirá tu mirada
en mis pupilas?

PERPLEXITY

What will die with me?
Will your gaze
die in my pupils?

IGLOOLIK

A Nancy Morejón

En Igloolik
rodeados de cielo
y de mar
y de nieve
de témpanos neón
que chispean turquesa
y de nubes veloces
flacuchentas
veloces
que castigan el aire
que lo hieren
sin un árbol
o flor
que suavicen el gélido paisaje
ella,
oráculo severo
volvió su rostro a mí:
"Estás en la frontera,"
sentenció
"entre la Tierra
y la Nada."

IGLOOLIK

For Nancy Morejón

In Igloolik
surrounded by sky
sea
and snow
by neon icebergs
sputtering turquoise
by hurtling clouds
skinny
rapid clouds
cutting through the air
and wounding it
not a tree
nor a flower
to soften the frozen scene
she,
harsh oracle,
turned to face me:
"You're on the frontier,"
She decreed,
"between Earth
and Nothingness."

LOS RIOS

Los ríos llevan al mar
toda la sal de la tierra
son las raíces del mar
son los brazos de la tierra.

THE RIVERS

The rivers take down to the sea
all the salts of the earth
are the roots of the sea
are the arms of the earth.

HECATE

Soy la virgen
la mujer
la prostituta
soy la sal
el mercurio
y el sulfuro
soy el cielo
el infierno
soy la tierra
me ves iluminada
maternal
no confíes en mí
te puedo condenar
a las tinieblas.

HECATE

I am the virgin
the woman
the prostitute
I am the salt
the mercury
the sulphur
I am heaven
and hell
I am the earth
you see me illuminated
maternal
Don't trust me
I can consign you
to darkness.

PASANDO REVISTA

Sola por fin
sin máscaras
sin rostros que me acechen
sola con mi pasado
mi presente
que empieza a ser pasado.
Susurran los recuerdos
en todos los rincones
mis manos antes ágiles
arañas se me han vuelto
avanzan con cautela
por mi surcado rostro
que rechaza disfraces
y ya no le interesan los espejos.
Con estas mismas temblorosas manos
que apenas pueden sostener un vaso
prefiero ahora hurgar en los adornos
de mis tempranas fiestas.
Se levanta el cometa de mi primer amor.
Tenía nueve años
y en oleadas cálidas
y frías
mi corazón saltaba.
Más tarde
a los catorce
descubrí la poesía
y le juré seguirla
perseguirla.
Mis tías me miraban

THINKING BACK

Alone at last
with no masks
no faces spying on me
alone with my past
my present
that soon will be my past.
Memories murmur
in all the corners
my once quick hands
have turned to spiders
cautiously they advance
across the lined face
rejecting disguises
sneering at mirrors.
With these same tremorous hands
that can scarcely hold a glass
I'd rather now paw through the baubles
of my early parties.
The kite of my first love soars upward.
I was nine years old
and my heart leapt
in hot
and cold waves.
Later
at fourteen
I discovered poetry
and I swore to follow it
to pursue it.
My aunts looked at me

con el rostro burlón.
Tuve miedo
fue la primera vez
que me sentí en peligro
y empecé a forjar
paraguas arco-iris
para ponerme a salvo
de los duros granizos.

with mocking features.
I was afraid
for the first time
I felt threatened
and began to build
rainbow parasols
to protect myself
from the stinging hail.

ESTRELLA INALCANZABLE

Ya mi fase Narciso
me fastidia
prefiero recordar a la gente que ofrece
que se ofrece:
Roque Dalton
Cortázar
Salarrué:
alpinistas
en la cordillera de lo desconocido.
Pienso en mi vida
como en un árbol navideño
vestido de oropel
y de bombillas que se encienden
que se apagan:
los amigos
las muertes
los amores
los pasajeros triunfos
los fracasos
y arriba
en lo más alto
la estrella inalcanzable.

UNREACHABLE STAR

I now reject
my Narcissus phase
I'd rather remember the people who give
who give themselves:
Roque Dalton
Cortázar
Salarrué:
alpinists
on the peaks of the unknown.
I think of my life as a Christmas tree
dressed in tinsel
with colored lights flashing
on and off:
friends
deaths
loves
the passing triumphs
failures
and way above
at the highest point
the unreachable star.

FRUSTRACIONES

No puedo, amor
no puedo aunque me empeñe
asirte
ni decirte.

FRUSTRATIONS

I cannot, my love,
I cannot,
however hard I try
define you or divine you.

HACIENDO MALETAS

"Hoy llegarán los bárbaros."
—C. Cavafi

Es hora de pensar
en mi equipaje
la maleta es pequeña
no caben mis perfumes
mis collares
mucho menos mis libros.
¿Qué llevaré conmigo
al otro lado?
Sin duda aquel relámpago
primero
que encendió nuestro amor
tambien me llevaré
la mirada cuchillo
de aquel niño
no era para mí
ni para nadie
pasó rozándome
sin verme
y se me abrió esta herida
que no cierra.
Debo ser selectiva
en mis recuerdos
comprimir con cautela
los que llevo
y por piedad a mí
abandonar los otros.
Me llevaré conmigo
por supuesto
aquella tarde en la taberna de Cahill's.

PACKING MY BAGS

"The barbarians are arriving today."
—C. Cavafi

It's time to think
about my baggage
the suitcase is tiny
my perfumes won't fit
nor my necklaces
much less my books.
What will I take with me
to the other side?
Naturally the first
lightning bolt
that kindled our love
I'll also take
the razor glance
of that child
it wasn't for me
nor for anyone
blindly it grazed me
and opened this wound
that will not close.
I must be selective
in my memories
carefully compressing
those I pack
and out of self-compassion
abandoning the rest.
I will take with me
of course
the afternoon in Cahill's Tavern.

Te conté de Sandino
y del negro Martí
y tú no me entendías
y querías saber
y poco a poco
nos fuimos internando
en las salas de Los
y tú eras William Walker
y yo Rafaela Herrera
y qué estaba haciendo
entre los bárbaros del norte
que invadieron
invaden
volverán a invadir
qué estaba haciendo
lejos del Izalco
de mi tierra
y seguía la tarde
cayendo despacito
y nosotros adentro
cada vez más adentro
atrapados por pasados
por futuros
y tu lengua es extraña
apenas si la entiendo
¿qué estoy haciendo aquí?
pero te miro y sé
que tú serás mi hombre
y tú aún no lo sabes
y me trago la risa
y no te digo nada
las palabras me trago
es imposible pienso

I told you about Sandino
and Farabundo
and you didn't understand
but wanted to learn
and little by little
we wandered into
the Halls of Los
and you were William Walker
and I Rafaela Herrera
and what was I doing
amongst the barbarians of the north
who invaded us
invade us now
and will invade again?
What was I doing
far from Izalco
far from my homeland?
And the night kept falling
quietly
and we were there inside
penetrating ever more deeply
trapped by our pasts
by our futures
and your tongue is foreign
I barely understand you
what am I doing here?
But I look at you and know
that you will be my man
and you still don't know it
and I stifle a laugh
and don't say anything
I choke down words.
It's impossible, I think,

¿qué hago aquí tan lejos
de mi tierra?
y me asaltó un temblor
cuando crucé el umbral:
mi primer terremoto
haciéndome erupción
en las capas jurásicas
y encontré a la madre
a los hijos
al hermano
a Perséfone
a Kali
y a Tlaloc
y seguía la noche
cayendo despacito
las botellas vacías
y los vasos
y nos dijo el mesero
que era hora de cerrar
y yo salí apretándote la mano
era el primer temblor
mi primer maremoto
ese latido ciego
que ya no me abandona.
Fuiste el pez
que azotó el agua
con su cola
que engendró estos círculos concéntricos
que se abren
se expanden
se dispersan
son olas que se rompen
en mi ulterior paisaje.

what am I doing here
so far from my country?
and a tremor seized me
when I crossed the threshold:
my first earthquake
erupting in my Jurassic strata
and I encountered the mother
the children
the brother
Persephone
and Kali
and Tlaloc
and the night kept falling
quietly
on the empty bottles
and the glasses
and the waiter told us
it was closing time
and I walked out squeezing your hand
it was the first tremor
the first tidal wave
of the blind throbbing
that never abandons me.
You were the fish
slapping the water
with your tail
engendering these concentric circles
that open
expand
disperse:
waves that break
on my farther shore.

SALA DE TRANSITO

¿Cómo será la muerte?
Debe tener olor a hospital
a una sala de espera
en cualquier aeropuerto
ese olor a fenol
de los hospitales
ese sabor tedioso
de los aeropuertos.
Me siento muerta allí
ni siquiera se acercan los recuerdos
me siento hipnotizada
por las voces exangües
que anuncian las llegadas
las salidas
por toda esa gente ensimismada:
se levantan
se sientan
esperando su turno
su destino.
¿Será eso la muerte
sólo eso:
un borroso paréntesis
un letargo sin fondo
un limbo organizado
para el viajero en tránsito?

TRANSIT LOUNGE

What will death be like?
It must have the smell of hospitals
of airport transit lounges
that phenol stench
of hospitals
that tedious taste
of airports
I feel dead there
not even memories approach me
I feel hypnotized
by the flat voices
announcing arrivals
and departures
by all the self-absorbed people
who stand up
and sit down
awaiting their turn
their destination.
Will that be death?
just this:
a fuzzy parenthesis
a bottomless lethargy
an organized limbo
for the passenger in transit?